¿Qué hacen estos animales?

Bobbie Kalman

🌳 Crabtree Publishing Company

www.crabtreebooks.com

Creado por Bobbie Kalman

Dedicado por Crystal Sikkens
Para Opa y Oma Egberts.

**Autora y
editora en jefe**
Bobbie Kalman

Editora
Kathy Middleton

Correctora
Crystal Sikkens

Investigación fotográfica
Bobbie Kalman
Crystal Sikkens

Diseño
Bobbie Kalman
Katherine Berti
Samantha Crabtree
    (logotipo y portada)

Coordinadora de producción
Katherine Berti

Consultor lingüístico
Dr. Carlos García, M.D., Maestro bilingüe de Ciencias, Estudios Sociales
    y Matemáticas

Ilustraciones
Bonna Rouse: página 15

Fotografías
© Dreamstime.com: páginas 10, 11 (parte inferior), 23 (parte superior
    izquierda)
© iStockphoto.com: contraportada, páginas 11 (parte superior), 22 (izquierda)
© Photos.com: página 17 (parte superior)
© Shutterstock.com: portada, páginas 1, 3, 4, 5, 7, 8, 9, 12, 13, 14, 15, 16,
    17 (parte inferior), 18, 19, 20, 21, 22 (derecha), 23 (todas excepto parte
    superior izquierda), 24 (todas excepto camuflaje)
Otras imágenes de Digital Vision

Traducción
Servicios de traducción al español y de composición de textos suministrados
    por translations.com

Library and Archives Canada Cataloguing in Publication

Kalman, Bobbie, 1947-
        ¿Qué hacen estos animales? / Bobbie Kalman.

(Observar la naturaleza)
Includes index.
Translation of: What are these animals doing?
ISBN 978-0-7787-8702-0 (bound).--ISBN 978-0-7787-8741-9 (pbk.)

1.   Animal behavior--Juvenile literature. I. Title. II. Series: Kalman,
Bobbie, 1947- . Observar la naturaleza.

QL751.5.K34718 2010   j591.5   C2009-902451-9

Library of Congress Cataloging-in-Publication Data

Kalman, Bobbie.
  [What are these animals doing? Spanish]
  ¿Qué hacen estos animales? / Bobbie Kalman.
     p. cm. -- (Observar la naturaleza)
  Includes index.
  ISBN 978-0-7787-8702-0 (reinforced lib. bdg. : alk. paper) --
ISBN 978-0-7787-8741-9 (pbk. : alk. paper)
  1. Animal behavior--Juvenile literature. I. Title. II. Series.

QL751.5.K33718 2010
591.5--dc22
                                    2009016823

Crabtree Publishing Company
www.crabtreebooks.com   1-800-387-7650

**Publicado en Canadá
Crabtree Publishing**
616 Welland Ave.
St. Catharines, Ontario
L2M 5V6

**Publicado en los Estados Unidos
Crabtree Publishing**
PMB16A
350 Fifth Ave., Suite 3308
New York, NY 10118

**Publicado en el Reino Unido
Crabtree Publishing**
White Cross Mills
High Town, Lancaster
LA1 4XS

**Publicado en Australia
Crabtree Publishing**
386 Mt. Alexander Rd.
Ascot Vale (Melbourne)
VIC 3032

Contenido

¿Qué hacen los animales?

Los animales hacen cosas que pueden parecernos extrañas. Hay animales que cambian su apariencia. Algunos se hacen pasar por otros seres vivos. Los animales hacen todo esto para sobrevivir. Este libro muestra imágenes de animales. Adivina qué están haciendo y por qué se **comportan** o actúan así. ¡Diviértete!

¿Por qué este insecto parece una rama? Consulta la página 7.

¿Por qué este perro tiene la lengua afuera? Consulta las páginas 20 y 21.

¿Por qué los camaleones cambian de color? Consulta las páginas 8 y 21.

¿Por qué baila esta ave? Consulta la página 12.

¿Cómo se esconden?

Esta salamanquesa se esconde de sus **depredadores**. Los depredadores son animales que se comen a otros animales. ¿Por qué es difícil ver a la salamanquesa? Tiene el mismo color que el tronco en donde está parada. Está **camuflada** o escondida.

*Además, la **textura** de esta salamanquesa se ve áspera, como el tronco del árbol. La textura es cómo se ven y se sienten las cosas.*

El camuflaje ayuda a algunos animales a mezclarse con el lugar donde viven. El camuflaje consiste en colores, formas o texturas que ayudan a los animales a esconderse. Algunos insectos no parecen insectos. Parecen partes de plantas.

¡Este saltamontes se parece más a una hoja que a un insecto!

¿Es una hoja o son alas?

¿Es una rama o un insecto?

*En lugar de parecer un insecto, esta mantis unicornio parece una rama con una hoja que le crece. La mantis usa el **mimetismo**. El mimetismo es hacerse pasar por otra cosa.*

¿De qué colores son?

Los camaleones son lagartos. ¿Qué sucede con los colores de la piel de los camaleones? ¿Por qué?

Los camaleones cambian de color.
No lo hacen para camuflarse. Cambian
de color según los estados de ánimo.
También cambian cuando la luz o el
calor a su alrededor cambian. Los
camaleones sólo pueden cambiar
los colores que tienen en la piel.
¿Qué colores tiene en la piel
este camaleón?

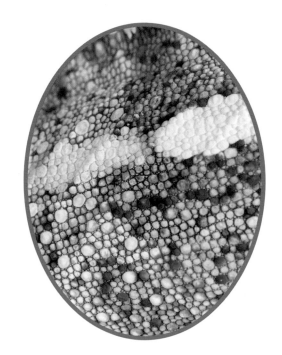

colores de la piel

¿Por qué hacen eso?

Este anolis macho infló la piel que tiene bajo la mandíbula.
Esta piel se llama **papada**. ¿Por qué hace esto el anolis?
¿Por qué a veces el pez erizo agranda el cuerpo?

La papada hace que el anolis les parezca más grande a sus depredadores. ¡También le indica a otros anolis machos que no se acerquen!

papada

pez erizo

espinas

Los peces erizo tienen **espinas** en el cuerpo. Son filosas como agujas. Cuando un pez erizo ve un depredador, traga agua para agrandarse. Las espinas sobresalen. ¡Un depredador no intentará comerse un pez grande con espinas filosas!

Cantar y bailar

Algunos machos cantan y bailan.
¿Por qué? Lo hacen para encontrar
pareja. Después, los machos y las
hembras serán padres juntos.

Este pájaro bobo de patas azules baila para una hembra. ¿Podrá conquistarla?

Las ballenas jorobadas macho parecen bailar cuando dan grandes saltos fuera del agua. Lo hacen para encontrar pareja. También cantan canciones hermosas debajo del agua. ¡Las canciones pueden durar hasta una hora!

¿Adónde van?

Algunos animales abandonan su hogar y luego regresan. Muchas aves vuelan lejos en los meses fríos de invierno. Otros van a lugares donde hay más agua y más alimento. Estos viajes de un lugar a otro se llaman **migración**.

Más de un millón de ñúes azules cruzan este río cada año.
Migran a otros lugares donde hay muchas hierbas nuevas para comer.

Muchas aves migran en invierno a lugares más cálidos para encontrar alimento. Estas grullas canadienses son aves migratorias. Volverán a su hogar en la primavera cuando haga calor y haya mucho alimento.

huevo

Las tortugas marinas nadan de regreso a las playas donde **salieron del huevo**. ¡Nadan largas distancias! Ponen huevos en esas mismas playas.

tortuga saliendo del huevo

Cuidar de las crías

Un **mamífero** es un animal que tiene pelo o pelaje
en el cuerpo. ¿Cómo cuidan las hembras de los
mamíferos a sus crías? Las alimentan con leche de
su cuerpo. Este cachorro de foca acaba de nacer.
La madre lo alimenta con leche de su cuerpo.
Tomar la leche de la madre se llama **mamar**.

¿Por qué este puma hembra lleva al **cachorro** o cría de esa manera? La forma más fácil de mover al cachorro es llevarlo del **pescuezo** o el pellejo del cuello. No lastima al cachorro y lo mantiene tranquilo. Las hembras de los mamíferos trasladan a sus crías con frecuencia para protegerlas.

Esta osa le enseña a su osezno cómo pescar salmones. Los oseznos se quedan con la madre hasta los cuatro años. La madre les enseña a sobrevivir.

¿Verdadero o falso?

¡Huy!

¡Huy! ¿Es verdad o mentira?
¿Está muerto este insecto? No,
el gorgojo se hace el muerto para
engañar a los depredadores
que cazan animales vivos.
¡Así sobrevive el gorgojo!

gorgojo que
se hace el
muerto

¿Están sonriendo estos delfines? ¿Están contando chistes? ¿Qué hacen estos pequeños peces y camarones en la cabeza de la morena? ¿Se los comerá la morena?

Los delfines parecen sonreír todo el tiempo, pero no cuentan chistes.

camarones

morena

pez limpiador

La morena no se va a comer a estos pequeños animales.
Ellos le limpian la piel. Los limpiadores se alimentan de piel
muerta y de animales más pequeños en la piel de la morena.

19

Con la lengua afuera

¿Por qué sacan la lengua los animales? ¿Están enojados? ¿Se están burlando? Adivina por qué estos animales sacan la lengua. ¡No leas las respuestas hasta que hayas respondido las preguntas!

¿Por qué cuelgan las lenguas de estos perros?

¿Por qué saca la lengua la serpiente?

Respuestas:

1. Los perros **jadean** para refrescarse. Jadear es respirar rápidamente. Para ellos es como **sudar**. Los perros sudan o pierden agua por la lengua.

2. Las serpientes usan la lengua para averiguar si hay alimento cerca.

3. Los gatos usan la lengua para limpiarse el pelaje.

4. La lengua de una jirafa ¡llega a medir 18 pulgadas (46 cm) de largo! Las jirafas comen hojas de acacia, que tienen espinas. Usan su larga lengua para evitar las espinas. Tienen lengua azul para que el sol no la queme.

5. Los camaleones usan sus lenguas largas y pegajosas para atrapar insectos.

¿Por qué se lame el pelaje este gatito?

¿Por qué la lengua de la jirafa es larga y azul?

Di esto cinco veces: ¡Largas lenguas lanzan alimentos!

¿Qué crees tú?

En un poema o una historia cuenta qué crees que están haciendo los animales en cada imagen. Las preguntas pueden ayudarte a empezar, o tal vez se te ocurra una mejor idea.

¿Soy el campeón?

¿Quieres bailar?

¿Puedo ir a jugar?

¿Quieres ser mi amigo?

¿Por qué sabe tan feo?

¿Te gustan mis pantalones cortos?

Palabras para saber e índice

bailar
páginas 5,
12–13, 22

camuflaje (el)
páginas 6–7, 9

cantar
páginas 12–13

colores (los)
páginas 5, 6, 7, 8–9

crías (las)
páginas 16–17

hacerse el muerto
página 18

lenguas (las)
páginas 5, 20–21

Otras palabras

migración (la)
páginas 14–15

mimetismo (el)
página 7

parejas (las)
páginas 12–13